बयार

मन के भावों से सुगंधित

ऋचा शर्मा रावत

BookLeaf Publishing
India | USA | UK

Made with ❤ on the BookLeaf Publishing Platform
www.bookleafpub.in
www.bookleafpub.com

Dedication

सर्वप्रथम मैं मेरी इन कविताओं को जीवन की उन चुनौतियों को समर्पित करना चाहती हूँ, जो मेरे रास्ते में आईं ,मैंने उनका सामना किया और उनसे पार पाया l इन चुनौतियों ने मेरे व्यक्तिव को विकसित किया और मुझे वो बनाया जो मैं आज हूँ l इसके बाद मैं इन कविताओं को समर्पित करना चाहती हूँ अपनी माँ(उषा शर्मा) और पिता(गणेश प्रसाद शर्मा) को ,जिनका मुझे प्रोत्साहन मिला ,जिन्होंने लेखन की इस यात्रा में मेरा साथ दिया और मेरी हर कविता पर अपनी ईमानदार राय व्यक्त की l मेरी बहनें ऋतु और आस्था,जो हमेशा मेरी कवितायें पढ़कर मुझे सलाह देतीं हैं, उन्हें भी मैं ये पुस्तक समर्पित करना चाहती हूँ l अंत में एक और शख्स ,मेरे पति(अनिल रावत),जिनका मेरे जीवन में आगमन हुए कुछ ही वक़्त हुआ है परन्तु उन्होंने मुझे स्वछंदता के साथ लिखने के लिए प्रेरित किया,उन्हें भी में ये पुस्तक समर्पित करना चाहती हूँ l

Preface

यह पुस्तक ऐसी कविताओं का संकलन है जो मेरे जीवन के अच्छे, बुरे और प्रेरक अनुभवों से लीं गयीं हैं,जहाँ अच्छे अनुभव लेखनी से कागज़ पर उतरते हैं तो उनमें हर्ष और उल्लास झलकता है वहीँ जब बात बुरे अनुभवों की करें या जीवन के उतार चढ़ाव वाले समय की करें तो कविताओं में एक टीस,एक पीड़ा झलकती है। कुछ ऐसे विषय और प्रेरक अनुभव भी हैं जिन पर कवितायें लिखना बहुत रुचिकर और रोमांचक रहा । कुछ ऐसे विषयों पर भी लिखा है जिन पर लिखना साहसिक और चुनौतीपूर्ण था क्यूँकि वो समाज में फैली कुछ ऐसी रूढ़ियों को चित्रित करते हैं जो गहन चर्चा का विषय तो हैं पर फिर भी अपने पैर पसारे हुए हैं । कुछेक कवितायें जो मन की ऐसी स्तिथि को बताती हैं जिन्हें अनुभव करना इस संसार में दुर्लभ है । मेरा मानना है कि हर पाठक इन कविताओं से एक जुड़ाव महसूस कर पायेगा ।

Acknowledgements

सर्वप्रथम मैं इस बुक को लिख पाने के लिए ईश्वर का धन्यवाद देना चाहती हूँ कि उन्होंने मुझे इस योग्य बनाया और ऐसे विचार और ऐसी सोच दी,जिसको मैं कविताओं के माध्यम से अभिव्यक्त कर पाई l इसके साथ ही मैं BookLeaf Publishing को भी धन्यवाद देना चाहती हूँ जिसने मेरे सपने को साकार करने में मेरी मदद की l

1. दो रास्ते

चला मैं ज़िन्दगी के रास्ते पर होकर मंत्रमुग्ध था,
न जाने कोई दूसरा रास्ता क्यों मुझसे क्षुब्ध था,
मेरे जीवन के कुछ सिद्धान्त थे,
जो मेरे जीवन के रास्ते का स्वरुप बना रहे थे,
पर दूसरे रास्ते बरबस ही मुझे अपना रहे थे ,
होते नाराज़ दूसरे रास्ते क्यों मैंने उन्हें नहीं चुना,
जाती भीड़ की समझाइश को,मैंने क्यूँ नहीं सुना,
दिख रहा था रास्ता जैसा ,वैसा वो था नहीं,
मेरे व्यक्तित्व की थी उसे समझ,था मैं अछूता नहीं,
दूसरे रास्ते की थी पहले रास्ते से प्रतिस्पर्धा,
दूसरा रास्ता जहाँ भ्रम में डाल देता था,
वहीँ पहला रास्ता उठा देता था असलियत से पर्दा,
दूसरे रास्ते में थीं जहाँ कुंठा और संताप,
अपितु देखने में सुन्दर परिदृश्य था उसका,
फैली थी उसपर पेड़ों की छाँव,
दूसरे रास्ते ने कुछ ऐसा मोड़ लिया,
मेरे सारे व्यक्तित्व को झकझोर दिया,
जो मैंने उसे नहीं चुना तो उसके मन में थी पीड़ा ,
पहले रास्ते से ईर्ष्या मन में कर रही थी क्रीड़ा,
पहला रास्ता जहाँ प्रलोभनों से मुक्त था,

वहीं दूसरा रास्ता झूठे प्रलोभनों से युक्त था,
हर व्यक्तित्व जिसमें तेज और निखार है,
चाहे रास्ता हो जैसा भी,
हर रास्ता उसे अपना पथिक बनाने को तैयार है,
रास्तों की प्रतिस्पर्धा और चुनने का द्वंद्व,
नहीं करता प्रभावित, जब मन निर्मल और हो स्वछंद,
पहले रास्ते ने जहाँ मुझे निष्पाप रखा,
संघर्षों की बारिश में ठिकाना दिया और सर ढका,
अंत में दूसरे रास्ते का अहम् टूट गया,
मैं निर्मोही पहले रास्ते ही अपनी मंजिल गया,

2. चिरैया

एक चिरैया उड़ रही थी आसमान में,
लाखों जतन किये उसने ,
उड़ पाना भी आसान कहाँ था,
उसने एक सपना देखा था,
आसमान में उड़ने और दुनिया देखने का,
पंखों तले उसके सारा जहाँ था,
मेरे घर था उसका दाना पानी,
लोट पोट हो जाती वो तो,
करती थी अपनी मनमानी,
ची ची ची ची शोर मचाती,
हक से मेरे घर आ जाती,
मेरे घर ही उसका घोंसला बना था ,
उड़ते फुदकते जा पहुंची वो अनजान,
नहीं पहुंचना था उसे वो जगह थी सुनसान,
घूम रहे थे हन्ता बाहर,
फ़ेंक रहे थे जाल ,
नहीं पता था उसे,ये समस्या थी विकराल,
उड़ गयी वो चिरैया घर से,
फिर कभी न आई,
सूना रह गया आँगन मेरा,

घर फैली तन्हाई,
हो गयी वो उम्र कैद,छिन गए सब सपने,
ये रूढ़िवादी ही हन्ता हैं उसके ,
उनमें से कुछ हैं उसके अपने,
काश ऐसा हो पाता कि,
हर चिरैया आसमान में पंख फैलती,
मृत होकर जीवन जीना नियति न होती,
वो अपनी ऊँची सोच और स्वछंदता के लिए जानी जाती l

3. अपनत्व

भटकता हुआ प्यासा मृग ढूँढता है नदी, बुझाने अपनी प्यास,
आसमान में उड़ते चातक को है वर्षा की पहली बूँद की आस,
अव्हेलित मानव मन को भी उसी तरह, रहती है अपनत्व की तलाश,
जैसे सूखी धरती वर्षा की बूंदें पाकर हो जाती है सुगन्धित,
अपनत्व को पाकर किंकर्तव्यविमूढ मन हो जाता है निश्चित,
अपनत्व है उस खोल की तरह, होता है जिसमें मोतियों का सृजन,
असचेत मन पाकर अपनत्व ,करता है चेतना का अर्जन,
जब जीवन की कठिन राह में पथिक रास्ता भटक जाये,
अपनत्व का साथ ही, ध्रुव तारा बन रास्ता दिखाए,
जहाँ मन को रीतियों की रस्सी से बाँधा न गया हो, जहाँ सोच हो मुक्त,
मन गढ़ता है वहाँ असंभव, जहाँ मिलता है अपनत्व,
सहज हो सोच जहाँ, सहज हो मन, ढूँढे हर प्राणी ऐसा अपनापन,
न कोई दिखावा न कोई छल, अपनत्व से भरा हो हर एक पल,
जहाँ सोच हो उन्मुक्त ,मन को हो आराम,
जहाँ हर नकारात्मक सोच पर लग जाता है विराम,
मतलब की दुनिया से , जब भर जाता है मन,
तब अपनत्व की तलाश करता है अंतर्मन ,
जहाँ मन की स्वतंत्रता हो चुकी हो मृत,
वहाँ कैसी घनिष्ठता कैसा अपनत्व,
अपनत्व भरा हो जहाँ मन का संसार,

विस्मृत स्वप्न पुनः लेता वहाँ आकार,
जहाँ पर कोई एहसान नहीं, दिये का कोई मान नहीं,
बहती है अपनत्व की पावन धार वहीं।

4. गणित

यदि मैं दुनिया की खींचतान से प्रभावित न होती,
तो जिंदगी की topology समझ पाती,
कि जिंदगी की आपाधापी में,
व्यक्ति के संस्कार invariant हैं,
समझ पाती जिंदगी का अमूर्त बीजगणित (abstract alzebra)
जो होता है, अमूर्त मन की निर्मल भावनाओं में,
real मन की complex भावनायें,
कुछ यथार्थ कुछ काल्पनिक,
महत्वपूर्ण है जिनका complex analysis,
तय है एक बात, जब domain में मेहनत है,
तो मिलता है सफलता का co-domain,
यदि function ईमानदारी का लगाया जाए,
यही है सफलता का real analysis,
हर angle से देख पाती, यदि जिंदगी की चुनौतियों को,
तो समझ पाती त्रिविमीय ज्यामिति, उनके निराकरण की,
कभी आनंद कभी उदासी,
समझ पाती मैं भी सुख,दुख और जीवन की त्रिकोणमिती।
यदि summation अच्छाईयों का करें,
और differentiation बुराइयों का करें,
तो जीवन और मृत्यु की सीमा के बीच,

मिलता है integration आदर्श व्यक्तित्व का।
मैं कर पाती यदि अनुसरण आदर्श व्यक्तित्त्व का,
तो मैं भी बन पाती mathematician जिंदगी के गणित की।

5. गाँव

मन में यादों के धागों की बुनाहट आज कुछ खुल सी गयी ,
कुछ धागे सुलझे, कुछ अनसुलझे ही रह गए ।
कुछ यादें भूली बिसरी तो कुछ से मन में ताज़गी घुल गई,
सामने मेरी यादों का समंदर था ,क्या कहूँ कितना सुन्दर मंज़र था ।
चल पड़ा में समंदर में नाव लेकर ,
ज़िन्दगी की यादों के रोमांचक सफ़र पर ।
ताज़ी थी जिसकी आवोहवा,
बीता था बचपन जहाँ,
जुड़ा है जिससे मेरे जीवन का हर एक भाव,
जीवन की धूप में ,मिली थी जहाँ छाँव,
वो था मेरा गाँव ।
वो मिट्टी की सोंधी खुशबू ,फड़की के अन्दर की दुनिया,
बागुड़ जिसको घेरे, मिट्टी की मेरी कुटिया,
मिट्टी के घरोंदे पर, कबेलुओं का साया,
झाँका जो झरोखों से,खुद को भीतर पाया,
झुका मैं अन्दर जाने को, भीतर थी बड़ी उसारी,
डुल्हार पर झूलकर, पुलकित हुई दुनिया सारी,
वो बारिश का आना,और झरपट्टी लगाना,
मिट्टी की दीवारों को बारिश से बचाना,
बाखर में आयी पानी की बाढ़,

जिसमे तैरती मेरी कागज़ की नाव,
पहनकर खोई बारिश में , जाना रोज़ स्कूल,
अच्छी लगती थी वो रास्ते की धूल,
जिसको था स्नेह से सींचा, पीछे को था बाड़े का बगीचा,
बाड़े में था बेर का पेड़,खाकर जिसे मन हो जाता था ढेर,
दिनडूबे का बीजना, वो सियार वाली कहानी ,
भुनसारे जाग जाना, करना फिर अपनी मनमानी,
मिट्टी की झरोखेनुमा दीवारों से मेरा झांकना,
माँ का ढिग देना और दादी का आँगन छाबना,
कितना सुन्दर था, पार पर अठखेलियाँ करना,
ओंटे पर बैठकर, मेरा रंगोली को ताकना,
लाना कसैड़ी सिग लगी, रखकर सर पर चौमड़ी
मधुर और नीरव थी जीवन की वो घड़ी,
मिल जाती है मेरी उमंगो को उड़ान ,
छा जाती है चेहरे पे एक अनूठी मुस्कान,
जब देखता हूँ अपने खेत खलिहान,
ना जाने कब मेरा बचपन, यादों से बिसर गया,
छूट गया वो गाँव, मैं बड़ा हो गया,
जीवन की आपाधापी नें मुझे बुला लिया,
मासूमियत से मेरा दामन छुड़ा दिया।

6. माँ

मैं कुछ न कहूँ तो भी मेरे चेहरे को पढ़ लेती है,
मैं खुद को नज़रअंदाज करूँ तो मेरी पहचान गढ़ देती है,
मेरे हर कहे अनकहे का मतलब जानती है ,
माँ मेरी हर मुस्कुराहट को पहचानती है ,
मेरी हर परेशानी का जिसके पास है निराकरण,
मेरे ऊपर जिसकी दुआओं का आच्छादित आवरण,
जिसकी हर दुआओं में मेरा ज़िक्र है ,
क्या कहूँ ? माँ को मेरी कितनी फ़िक्र है ,
जिसके व्यवहार में न है छलावे की परत,
मासूमियत से भरा जिसका प्यार वेशर्त,
करूँ कोई गलती तो देती नहीं सज़ा,न मांगती कोई स्पष्टीकरण,
करने को सुधार प्रेरित करती ,देती समझाइश का आलिंगन,
सर पर हाथ फेरे तो उतर जाती है हर थकान,
जिसके होने से घर बन जाता है हर मकान ,
मेरे होने का अर्थ, जिसके होने से है ,
जिसके जीवन का उद्देश्य मेरे लिए सपने संजोने से है ,
जिसके साथ होने का मतलब, ईश्वर के साथ होने से है ,
गोद में जब माँ की रखती हूँ मेरा सर,
होता है थके मन पर स्नेह की औषधि का असर,
मिलती है जब संसार में कुटिलता,

ज़िन्दगी की धूप में,आराम पहुँचाती है माँ की शीतलता,
चलते हुए ज़िन्दगी के रेगिस्तान में जब कोई गाँव मिल जाये,
होता होगा तभी ऐसा, जब माँ की दुआओं का जबाब मिल जाये,
माँ एक शब्द नहीं, संसार है ,
मेरे और हम सबके जीवन का आधार है l

7. भ्रम

मस्तिष्क में चलते अनगिनत भ्रम,
भ्रम दूरद्रष्टा होने के ,
भ्रम सुदूर किसी से बतियाने के,
कई भ्रम दूरानुभूति के ,
मानो समाहित हो कोई स्वयं में ,
जो अनुभव कर सके हमारे सारे अनुभवों को,
स्वयं से बतियाना हो जैसे साक्षात्कार किसी के साथ,
दृष्टा होकर भी बांटे आँखों के सारे अनुभवों को ,
सुदूर किसी के साथ,
भ्रम अपनी सोच को आवाज़ देने के ,
जिसे सुन सके वो जो न हो पास,
जो कल्पनाएँ हम आँखे मूँद कर करते है,
भ्रम हो कोई सुदूर उन्हें देख सके,
महसूस कर सके,
अनुभव को जो स्पर्श करने पर होता है,
कानों को सुनाई देने वाली आवाजें,
जिन्हें सुन सके दूरस्थ,
मनो एक शरीर हो,
कई आत्मायें जिसमें समाहित,
बुन दिया हो मस्तिष्क में,

अनसुलझा मकड़ी का जाल,
साझा होतें हैं मन और आत्मा,
या साझा होने का भ्रम |

८. आशा, निराशा और विचार

मन के समंदर में विचारों का एक तीक्ष्ण सैलाव है उमड़ता,
पवन के दाबित झोंकों से विचलित, दिशाहीन अलक्षित हो घुमड़ता,
लहरों को है किनारे की तलाश, डूबते को है सहारे की तलाश,
जल में डगमगाती नाव को न है मंज़िल की आस,
चारों ओर विनाश ही विनाश,
डूबता हुआ दिवाकर कर रहा हताश, हर रहा बेसहारों की आस,
अंधकार की घनघोर घटाओं नें,
उम्मीद की उस एक लौ को बुझा दिया,
उस राह तलाशते नाविक को,
अपने पथ से भटका दिया,
अब तो विचलित मन हार गया,
कोशिशें लाख कीं पर उनका न सार रहा,
मन के तीक्ष्ण विचारों को न मंज़िल मिली,
और न उनका कोई उद्धार रहा,
अरे! ये अचानक क्या हुआ?
उस घनघोर अंधकार में एक दैविक रोशनी नें प्रवेश किया,
उस हताश नाविक के मन को अनंत आनंद, स्फूर्ति से भर दिया,
जिस मन में थी निराशा की ज्योत,
उसमें अनापेक्षित आशा का संचार हुआ,
इस एक आस ने उस तीक्ष्ण तूफान को थाम लिया,

विचारों के सैलाव को मंज़िल मिली,
उस एकाकी नाविक को अपना मुकाम मिला,
एक बार फ़िर इतिहास ने यहाँ अपने आप को दोहराया,
निराशा पर आशा ने अपना परचम फहराया।
"मन के विचारों में है अथाह गहराई,
पर्वत सी ऊँचाई और आकाश सा विस्तार"
जो विचार मन को आशांत किया करते थे, विचलित किया करते थे,
उनकी इस अनंत श्रृंखला में एक और विचार आकर जुड़ गया,
मन में एक विचार आया, विचार नें एक उपाय सुझाया,
कि क्यों न विचारों को एक राह दे दी जाए,
क्यों न विचारों के इन अनमोल मोतियों को,
कलम की सुई से, पंक्तियों के धागे में शब्दों से पिरो दिया जाए,
इस एक विचार ने सबकुछ बदल दिया,
जो चीज़ विचलित किया करती थी, उसी ने जीवन का लक्ष्य दे दिया।
(My first poem)

9. ग्रहण

यदि हम ग्रहण करने को आतुर हैं ,
तो न जाने कितने दृश्य एवं ध्वनियाँ हैं,
जो हमें संकेत दे रहे हैं ,
उड़ती हुई तितलियों से लगता है ,
जैसे दुनियां में हर एक भाव के,
अपने अलग और ख़ूबसूरत रंग हैं ,
वे रंगीन तितलियाँ नहीं मनो फरिश्ते हों,
जो हमारी ज़िन्दगी में रंग भर रहे हों l
टिक टिक करती घड़ी,
जैसे सिखा रही हो सामंजस्य,
छोटे और बड़े के बीच का ,
और परिधि के अन्दर के उस चक्र को जो ,
एक बार घटित होने के बाद ,
पुनः कभी घटित नहीं होगा l
गृह और नक्षत्र ,जो देते है कुंडली और पंचांग का ज्ञान,
और मिलकर ऐसी दशा निर्मित करते हैं,
जो की अद्वितीय और फिर कभी न घटित होने वाली होगी,
जिनके प्रभाव से दुनिया अछूती नहीं रहेगी,
कुछ उसी तरह जैसे अमावास और पूर्णिमा पर ,
आते हैं ज्वार और भाटे ,

जिनका स्वरुप होता है व्यापक l
सड़क जो सिखा रही होती है ,
वो सारे अनुभब जो जिन्दगी की राह में ज़रूरी हैं ,
जैसे धैर्य,साहस,एकाग्रता,प्रबंधन ,
और ले जा रही होती है हमे अपनी मंजिल की ओर l
नदियाँ जो प्रतीक हैं ,
निरंतर चलायमानता और साहस की।
पेड़ और पहाड़,
जो हर मौसम और आपदा में डटे खड़े हैं ,
जो हमें सिखाते हैं धैर्य और सहस l

10. सफ़र

समय का जहाज बढ़ चला ,
अभी शुरू हुआ था, थम चला सिलसिला l

याद है वो पहला कदम,
जब शुरू हुआ था सफ़र,
वो थोड़ा सा उत्साह ,
वो थोड़ा सा डर,
कुछ करने का आगे बढ़ने का ,

देकर खट्टी मीठी यादें
रचकर समय मे वो इतिहास बन चला l

वो गलियाँ होंगी ,वो पेड़ होगा ,
समय के चक्र में , कुछ नहीं बदलेगा ,
पर नहीं होंगे तो हम ,हम सब,
बांधकर अपनी मुट्ठी में यादें,
समय निकल चला,

लेकर अपने आप से आगे बढ़ने का वादा ,
फिर शुरू होगा ,

नए सफर का सिलसिला ।

नए सफर के हैं नए आयाम,
मंज़िल पर पहुँचने को लालायित,
उत्सुक गढ़ने को नए मुक़ाम,
आदेश पाकर तमन्नाओं से ,
चल पड़ती है, समय की नांव,

रुकता नहीं ऊंचाइयों से डरकर ,
बढ़ चलता है, मदमस्तों का काफ़िला ।

सफ़र का अंत नहीं मंज़िल,
समय का जहाज चलता रहता है,
उसका अंत नहीं साहिल,
राह को भी मंज़िल समझे,
चलता रहे पथ पर राही,
चाहे रास्ता हो पथरीला ।

समय का जहाज बढ़ चला,
जीवन पर्यंत चलेगा,
न रुकने वाला सिलसिला ।

11. लेखन और लेखनी

एक तरफ,
"लिखना सिर्फ कला नहीं,
लेखन है एक योग,
तन्मयता दे मन को,
दूर करे वियोग,
जब मन पर हो बोझ कोई,
कह पाना न हो आसान,
तो लेखन है अभिव्यक्ति मन की,
यह कला है एक वरदान,
मैं लिखती हूँ,
ताकि मेरे अन्दर जो मौन है,
वो निकले बाहर ,
अंतर्मुखी मन के विचार ,
रह न जायें मन के ही अन्दर,
मैं लिखती हूँ ,
ताकि विचारों का सैलाब,
मन की शांति को,बहा न ले जाये,
और सोच का द्वंद्व,ज्वालामुखी बन फट न पाए,
मैं लिखती हूँ ,
ताकि मैं स्वंत्रता से सांस ले सकूँ,

हल्का कर सकूँ, मन का भार,
उतार सकूँ कागज़ पर,मन का संसार,
मैं लिखती हूँ,
ताकि भावनाओं का मर्म,
निकल सके बाहर,
हो सके अभिव्यक्त जज़्बातों का सागर"
दूसरी तरफ,
"समाज में हो कोई कुप्रथा,
या चल रही हो गलत व्यवस्था,
चारों और व्याप्त अंधकार है,
अभिव्यक्ति से नींव हिला दे,
लेखनी वो हथियार है,
काम में टालमटोली करना,
हो गयी आदत जब रिश्वत लेना,
समाज में फैला भ्रष्टाचार है,
सच्चाई को अभिव्यक्त कर दे,
लेखनी वो हथियार है,
हर चीज़ के बढ़ गए दाम,
बढ़ गयी है महँगाई,
गरीबी और बेरोजगारी से फैला हाहाकार है
सभी समस्याओं को उजागर कर दे,
लेखनी वो हथियार है"

12. अकेला

सूरज सा उदय होना, और शाम सा ढलना होगा,
ठीक है अगर कुछ रास्ते मुझे अकेला ही चलना होगा,
मेरी राह नहीं आसान, मेरे हिस्से कुछ कालातीत क्षण हैं,
जिनके प्रभावों को धीरे- धीरे ही सही, पर उतरना होगा,
संघर्षों भरी राह है, और रास्ते सुनसान,
अपने लिए संघर्षों का कोलाहल मुझे ही चुनना होगा,
एक तरफ है मन की परिपूर्णता, दूसरी तरफ जीवन की संपूर्णता,
दुविधा में है मन यदि ये पाया तो वो नहीं होगा,
और वो पाया तो ये नहीं होगा,
निश्चित है शायद, मेरे हिस्से सबकुछ नहीं होगा,
मन की परिपूर्णता, जिसको है तिनके का सहारा,
भ्रम के जंजाल रहे मन में, मैं अपने आप से ही हारा,
सच जो न कहने योग्य है, धीऱे धीऱे अपनों से कहना होगा,
वो कालातीत क्षण मुझे याद आते हैं,
सहसा ही मेरी आत्मा को झकझोर जाते हैं
मन से कालातीत हो चुकी यादों को धीऱे -धीऱे निकलना होगा,
एक नूतन प्रकाश का जीवन में प्रवेश होता है,
मन के घावों पर मरहम सा वो मुझे महसूस होता है,
नहीं जानता वो मेरे संघर्षरत अतीत की परछाइयों को,
न उसे है एहसास, न वो महसूस कर सकता मेरे मन की पीड़ा को,

अनकहे जज्बातों को उसे ही समझना होगा,
करना सब कुछ स्वीकार, उसके लिए परीक्षा होगी,
मेरा साथ निभाना, उसकी अपनी इच्छा होगी,
अग्नि परीक्षा से मेरे साथ उसे भी गुजरना होगा,
समय बदल रहा है, नये निर्णय हो रहे हैं,
अरमानो की छाँव तले हम- तुम सपने सँजो रहे हैं,
मिलकर हमें अपने सपनों को साकार करना होगा,
सूरज सा उदय होना, और शाम सा ढलना होगा,
ठीक है कुछ रास्ते अगर मुझे अकेले ही चलना होगा।

13. सपने

वैसे तो आँख मूंदकर सपने देखे जाते है,
होते है कुछ सपने जो दिन में भी जगाते हैं,
है सपनों का अपना एक विचित्र संसार,
जहाँ मन कर जाता है हर असंभव को पार,
आती है रूकावट और आती है परेशानी,
फिर भी मंजिल पा लेती है हर कहानी ,
न कोई डर,न कोई फिकर,
कल्पनाओं की दुनिया का सुन्दर सा सफ़र,
मन करता कोशिश,कल्पना को देता आकार,
जुट जाता हर एक मनुष्य,करने सपनों को साकार,
यदि न होते सपने तो क्या होता?
कोई भी आशाएं पूरी होने की उम्मीद न संजोता,
एक तरफ ,सपने उस मृगतृष्णा की तरह हैं ,
जिन्होंने हर प्यासे की उम्मीद को जगाए रखा है,
प्यास बुझे न बुझे,आशा का दीप जलाए रखा है ,
वहीं दूसरी तरफ ,सपनों से ही हैं सृजन का प्रारब्ध ,
सपनों से ही सृजित,कविता का हर एक शब्द,
सपनों ने ही रखी है यथार्थ की नींव,
कल्पना नहीं, होता है हर एक स्वप्न सजीव l

14. सापेक्षता

कभी-कभी हम चल नहीं रहे होते,
रास्ते हमें चला रहे होते हैं ,
और ले जा रहे होते हैं
एक अप्रत्याशित मंज़िल की ओर,
और करा रहे होते हैं,विचित्र अनुभव,
बाहरी परिदृश्य हमें चलता प्रतीत होता है ,
हमारा अनमना होना भी,
हमे रास्ते पर न चलने के लिए विवश करता है,
चूँकि संसार चलायमान है,
इसलिए पैरों तले रास्ते ही चल पड़ते हैं,
और ले चलते हैं वहाँ,जहाँ पहुँचना नियति है,
एक सापेक्षता जो बाहरी दुनिया से है,
उसी प्रकार जिस प्रकार ट्रेन की खिड़की से देखने पर,
बाहरी दुनिया चलायमान प्रतीत होती है,
और हम स्थिर उसे तांक रहे होते हैं ,
जो कि सर्वथा एक भ्रम है,
ये सापेक्षता ही हमें भ्रमित करती है,
संसार में कुछ तो ऐसा है,
जो हमारी अनुमति के बगैर घटित होता है,
जो कि अप्रत्याशित और नियत है ,

और हमारी मुट्ठी से बाहर है ,
जिसे मुट्ठी में लेना हमारी समस्त क्षमता से बाहर है ,

15. लड़की

यदि तुम लड़की न होती तो
अपने सपनों को पूरा करने के लिए,
समाज से लड़ना नहीं पड़ता,
भटकाव जो रास्ता रोकने पर आमादा हैं
उनसे बचते- बचाते,
रूढ़ीवादिता को तोड़ना नहीं पड़ता,
हर कोई की अपेक्षाओं पर उतरना है खरा,
मिट्टी के चूल्हे को चाहिए, सोने का घड़ा,
आवाज़ करना है नीचे क्योंकि तुम लड़की हो,
कितना ही मर्म छुपा हो उसमें,
सच क्यों न तुम कहती हो,
समाज में फैले कितने काले साये हैं,
कहते हैं सब बात बराबरी की,
पर वो सिर्फ तुम्हारे हिस्से आये हैं,
जीवन में संघर्ष तुमने चाहे जितना किया हो,
हर दिन तुमने अपने सपने की खातिर जिया हो,
फिर भी संसार तुम पर पूर्वाग्रह दिखाता है,
तुम्हे तुम्हारी योग्यता से नहीं,
सुंदरता और कुरूपता से जाना जाता है,
यदि तुमने प्रतिकार किया,

अनचाहे को अस्वीकार किया,
मर्म न तुम्हारी भावनाओं का कोई समझेगा,
ये समाज ही तुमको मानसिक पीड़ा देगा,
तुम्हारी मदद करने कोई न यहाँ आयेगा,
तुम्हारे साथ ग़लत होने पर,
समाज तुम्हे ही जिम्मेदार ठहरायेगा,
अपेक्षाएँ ये दुनिया तुमसे इतनी लगाती है,
हर लड़की जो माँ, बेटी, बहू, पत्नि,
और डॉक्टर, इंजीनियर, बैंकर या पेशेवर है,
मेहनत और अपेक्षाओं की भट्टी में झोंकी जाती है,
संघर्ष के तराजू में तौला जाए तो,
स्त्री का पलडा भारी है,
कब सूरज उदय होगा?और समाज तुमसे कहेगा,
उड़ जाओ! अब तुम्हारी बारी है।

16. एल्बम

पलटता हूँ जिंदगी के एल्बम को ,
तो पाता हूँ कसीदे अल्हड जीवन के,
हर एक सांस में शामिल ,
जीवन जी लेने की मंशा ,
कर्म के एहसास और परिणाम ,
जो अंतर्मन को करते पोषित,
कोशिशों में गिरना और लड़खड़ाना,
करते मन को आल्हादित,
उत्साह जीवन के हर एक पहलु में निहित ,
कुछ आकांक्षायें,जो जीवित रखती हैं अंतर्मन को,
जिनको पा लेने की इच्छा से,
भरा जीवन का हर क्षण ,
वहीं...........
पलटता हूँ परिपक्व ज़िन्दगी के एल्बम को,
तो दिखाई देती हैं,
लड़खड़ाते जीवन की लहराती हुई परछाईयाँ ,
कुनवे में इसके कई तरसते पतझड़
मुद्दतों से जो तलाशते हैं मेहरवानी आसमान की ,
बरसें आसमान से फुलझड़ीयाँ ,
हो संतृप्त ये जीवन धरा ,

मने कुंठित अरमानों की दिवाली,
बोलती है एक कड़वी कसक,
कल्पनातीत हो चुकी इच्छाओं की ,
कचोटती है मन में ,
कुछ न कह पाने की कसमसाहट,
कुछ कह देने का द्वंद्व ।

17. मन

मन की दुनिया, कल्पनाओं का पिटारा है ,
जहाँ न पहुँच सकें हम, इसकी पहुँच में वो ब्रह्माण्ड सारा है,
मन की एक अलग दुनिया है,जो भ्रम में डाल देती है ,
इसकी एक अलग कविता है, जो कही अनकही कहती है ,
मन की दुनिया में मैं आसमान में पंख फैलता,
उड़ता मैं होकर बेपरवाह,परिस्तान की सैर पर जाता,
चलता में समंदर पर,लगाता मैं दौड़,
न होती किसी से प्रतिस्पर्धा, न किसी से होड़,
जहाँ बहती नदियाँ, झरने कल कल करते,
होता मैं वहाँ,जहाँ आसमान से फूल हैं झरते,
जादू भरी दुनिया होती,होते मेरे जादू वाले पर,
जादू से मैं सब कर पाता, होता मैं जादूगर,
ये सब भ्रम है मन के, जो भ्रम में रहे वो परेशान,
साधक है वो , जो मन पर लगा पाए लगाम ,
जो मन को वश में करता , नियंत्रित करता इसकी डोर,
जीत लेता वो जग को , बन जाता वो सिरमौर,
शक्तिशाली हैं वो जिसके पास है बुद्धि और विवेक,
बुद्धि के भी निर्णय बदल दे, मन के पास शस्त्र अनेक,
मन लालचाये, मन भरमाये, मन है बड़ा आशांत,
मन का कोई रूप नहीं, इसका स्वरूप बड़ा विक्रांत,

इसकी राह बड़ी आसान, इसे न कोई रास्ता खटकता,
हो जाए अगर इच्छा पूरी,तो भी ये संतुष्ट नहीं ,
करता मन अपनी मनमानी,ये फिर दूजी राह भटकता,
मन है सारथी, शरीर है रथ, इंद्रियाँ जिसके घोड़े,
नहीं लगाई लगाम और मन को वश में नहीं किया,
तो ये न पकड़ में आये फ़िर,रथ को मनचाही राह पर मोड़े,
मन है एक पिंजरा पक्षी का, स्तिथि जिसकी भ्रम,
मोह में डाले कैद करे, भ्रमित करे हरदम,
मन को वश में किया जिसने,कैद को तोड़कर जो बाहर आया,
उसने स्वयं के संसार को, भव बंधनों से मुक्त पाया l

18. मौसम

चारों ओर फैली फूलों की सुगंध,
सोचूँ यही, क्या कर सकती हूँ मैं ,
उसे अपनी मुट्ठी में बंद?
फूलों में नहीं है केवल सुगंध और रंग,
होती है मिठास, होते हैं अहसास 1
क्या संभव है दुनिया को मुट्ठी में भरना?
चढ़ जाऊँ यदि मैं हिमालय की चोटी पर
नाप सकती हूँ मैं हथेली से दुनिया 1
आसमान के बादलों को पकड़कर,
कर सकती हूँ बंद काँच की डिबिया में,
या करूँ चित्रकारी बादलों की स्याही से
नीले आसमान में 1
जब जा मिलती है सूरज की किरणें,
वर्षा की फुहारों से, हो जाती प्रकीर्णित,
सतरंगी इंद्रधनुष लिए आसमान में,
खड़ा हो कोई फरिश्ता,
जो छोड़ रहा हो तीर , बारिश के,
उष्णता से त्रस्त धरा की गोद में 1
फैल जाती है एक सौंधी सुगंध,
होते मुखरित जीवन सृजन के छंद 1

क्या बाँध सकती हूँ मैं,
इस उफनती नदी का वेग,
हाँ शायद उसे एक दिशा देकर
ऐसी ही एक नदी है मन के अंदर l
जा रहा है मौसम, धान के लहलहाने का,
कांस का खिलना संकेत दे रहा वर्षा के जाने का l
ऊन का गोला लेकर, ले रही हूँ धरती का नाप,
इसको ठंड से बचाने बुन रही हूँ धूप का स्वेटर,
पड़ रहा है जनवरी का मवाठा, ये रही है काँप,
बुने हुए झरोखों से झाँक रही है कुनकुनी धूप,
मन करता कैद कर लूँ इसे सर्द कमरे के अंदर,
पर इसका नहीं कोई रूप,
गर्मी में छाँव और ठंड में धूप,
सुकून है जीवन के,
कई मौसम हैं जीवन के।

19. जरूरी है

जिंदगी को जी लेना मात्र ही जीवन नहीं है,
इसमें आनंद और उत्साह भी जरूरी है,
करते हुए इसमें जतन अगर मंज़िल मिल भी जाए,
तो उसे बनाये रखने का हुनर जरूरी है,
यदि हम नहीं मिलते लोगों से या नहीं करते बात अंजानो से
तो सीख नहीं सकते लोगों को पढ़ने का हुनर,
करने दुनिया का सामना, अपनी खोल से निकलना भी जरूरी है,
खोल में बंद व्यक्तित्व है सीप में बंद मोती की तरह
विकसित होती सृजनात्मकता जिसमें, बंदिशों के बाद भी,
चीर कर सीप, मोती का बाहर निकलना भी जरूरी है,
हर बार समझदार होना भी समझदारी नहीं,
कभी कभी कर लेना अपने मन की,
और समझदारी भरी सलाहों से दूर भाग जाना भी जरूरी है
जीवन यात्रा हो या पथ की यात्रा, यात्राएँ अनुभव देती हैं
अनुभवों से ही व्यक्तित्व में परिपक्वता आती है,
सीखने हुनर जीवन के, यात्राएँ करना भी जरूरी है,
जीवन एक विज्ञान नहीं जिसमें तर्क किया जाए,
ये भावनाओं का समंदर है जिसे जी भर जिया जाए,
इसलिए जीवन में थोड़ा अतार्किक होना भी जरूरी है,
सफलता की चाह रखना गलत नहीं होता,

है सफल वही जो दूसरों को भी ऊपर उठाता,
सफलता की राह मे मदद का हाथ बढ़ाना भी जरूरी है,
करना प्रेरित दूसरों को, और सच्ची तारीफें करना,
मन की निराशा को दूर कर,उनमें उत्साह भरना,
भरते हुए जीवन में जीवटता, जीवन जीना भी जरूरी है,
पुस्तकें जहाँ ज्ञान और अनुभवों से भरी होतीं हैं
वहीं मन और बुद्धि को तृप्ति देतीं हैं,
जानने इस संसार को, पुस्तकें पढ़ना भी जरूरी है,
संयमित है प्रकृति, हैं इसके भी कुछ नियम,
अनुशासन में रहना और नियमों को मानना अच्छा है,
पर कुछ रूढ़ियों, परंपराओं को तोड़ना भी जरूरी है,
सूरज धीऱे- धीऱे ढल रहा है, माना समय निकल रहा है,
थोड़ी-थोड़ी नादानी, कर लेना अपनी मनमानी,
बढ़ती उम्र के साथ, बचपना बनाये रखना भी जरूरी है,

20. आशा

आशाओं की चिड़िया पर खोल रही है,
होंठ हैं बंद फ़िर भी,आँखें बोल रहीं हैं,
हो रही जीवन में एक नयी भौर, खुशियों से है मन सराबोर,
खुला है एक नया संसार, लेते स्वप्न जहाँ आकार,
जीवंत हो रहा फ़िर एक ख्वाव, नये पन्नों की है ये किताब,
मन हो रहा शांत और निश्छल,लक्ष्य की अब राह अविरल,
एक नया जहाँ और नयी सोच, जीवन में रस घोल रही है,
आशाओं की चिड़िया पर खोल रही है,
होंठ हैं बंद फ़िर भी, आँखें बोल रहीं हैं,
गम भारी यादें हो रहीं विस्मृत,उम्मीदों से मन आज अलंकृत,
ओझल हो रही रीत पुरानी, करता मन अपनी मनमानी,
चारों ओर फैला एक आवरण, करता स्वतंत्र सोच का वरण,
हुआ खुशियों का जीवन में आना,लगता संभव अब सब कर पाना,
खुशी की नहीं है माप कोई,खुशियों का कोई मोल नहीं है,
आशाओं की चिड़िया पर खोल रही है,
होंठ हैं बंद फ़िर भी, आँखें बोल रहीं हैं,
चल रही है एक मधुर बयार,तृप्त है मन का संसार,
जीवन के हैं ये अनमोल पल,अब नही चिंता क्या होगा कल,
अपने आप को अपनाना,संभव है अब अनकही कह पाना,
देना है पूर्वग्राहों को मात,झूठों की अब क्या बिसात,

कहने से पहले आँखे,भावों को अब न तौल रही हैं,
आशाओं की चिड़िया पर खोल रही है,
होंठ हैं बंद फ़िर भी, आँखें बोल रहीं हैं,
हो रहे हैं नये अहसास, जीवन में भर गयी मिठास
करता मन हर बार प्रयास,जागी है एक नयी सी आस
जीवन में आ रही बहार,प्रफुल्लित है अंतर्मन इस बार,
भावनाओं के हैं कई रंग,जो दे रहे जीवन जीने का ढंग,
कई रंगों की तितली, मेरे जीवन के आँगन में डोल रही है,
आशाओं की चिड़िया पर खोल रही है,
होंठ हैं बंद फ़िर भी,आँखें बोल रहींहैं,

21. वक़्त

वक़्त का बड़ा नाम है,वक़्त वक़्त की है बात,
वक़्त की घड़ी चलती है, वक़्त के दिन और रात,
जीवन उसका तपस्या थी, संयम उसका मन पर था,
दे देता था सोच और समझदारी में बड़े बड़ों को मात,
उसका मन शांत था, प्रपंच से वो अनजान था,
चाह रही थी दुनिया उससे, करने दो दो हाथ,
वक़्त का बड़ा नाम है,वक़्त वक़्त की है बात,
वक़्त की घड़ी चलती है, वक़्त के दिन और रात,
राह देख रहा था कल तक, खुद के मान्य किये जाने की,
उस पर आज है, ईश्वर की कृपा की बरसात,
एक वक़्त वो अकेला लड़ा था, कोई न उसके साथ खड़ा था,
चली वक़्त की छड़ी, और दे दी उसने सबको मात,
वक़्त का नाम बड़ा है, वक़्त वक़्त की है बात,
वक़्त की घड़ी चलती है, वक़्त के दिन और रात,
जिसकी मदद को कोई न आया, लोगों ने उसको ठुकराया,
आज वही खड़ा है बढ़ाने, सब के लिए मदद का हाथ,
रूठी है किस्मत उससे,मान लिया था उसने,
वही आज सारथी बन, दे रहा जरूरतमंदों का साथ,
वक़्त का बड़ा नाम है,वक़्त वक़्त की है बात,
वक़्त की घड़ी चलती है, वक़्त के दिन और रात,

एक वक़्त चक्रवात है आया, जीवन में बवंडर लाया,
आज है उसकी नियति डाल डाल और वो पात पात,
किसी ने न दी उसे दिशा, बिगड़ी उसकी दशा,
दे रहा वो सबको दिशा, रखकर अपनी बात,
वक़्त का बड़ा नाम है,वक़्त वक़्त की है बात,
वक़्त की घड़ी चलती है, वक़्त के दिन और रात,
सूरज ढलता है, दिन फिर निकलता है,
वक़्त कैसा भी हो, एक दिन ज़रूर बदलता है,
अच्छे वक़्त में न इतराना, बुरे वक़्त में न घबराना,
आने वाला कल एक नयी सुबह लायेगा,
बुरा वक़्त एक दिन ज़रूर बदल जायेगा।